Georgia Rodrigues

Uma carta para o meu
Ex-Futuro Amor

a letter to my ex-future love

Labrador

© Georgia Rodrigues Ferreira da Silva, 2024
Todos os direitos desta edição reservados à Editora Labrador.

Coordenação editorial Pamela J. Oliveira
Assistência editorial Leticia Oliveira, Jaqueline Corrêa
Projeto gráfico, diagramação e capa Amanda Chagas
Assistência de arte Marina Fodra
Preparação de texto Jacob Paes
Revisão Mariana Góis
Ilustrações Géssica Martins
Curadoria de imagens Georgia Rodrigues

Dados Internacionais de Catalogação na Publicação (CIP)
Jéssica de Oliveira Molinari - CRB-8/9852

Silva, Georgia Rodrigues Ferreira da
Uma carta para o meu ex-futuro amor /
Georgia Rodrigues Ferreira da Silva.
São Paulo : Labrador, 2024.
96 p.

ISBN 978-65-5625-631-3

1. Poesia brasileira I. Título

24-2934 CDD B869.1

Índice para catálogo sistemático:
1. Poesia brasileira

Labrador

Diretor-geral Daniel Pinsky
Rua Dr. José Elias, 520, sala 1
Alto da Lapa | 05083-030 | São Paulo | SP
contato@editoralabrador.com.br | (11) 3641-7446
editoralabrador.com.br

A reprodução de qualquer parte desta obra é ilegal e configura
uma apropriação indevida dos direitos intelectuais e patrimoniais
da autora. A editora não é responsável pelo conteúdo deste livro.
A autora conhece os fatos narrados, pelos quais é responsável,
assim como se responsabiliza pelos juízos emitidos.

Dedico este livro à minha querida professora da oitava série, Beth, que, nas manhãs ensolaradas de primavera e verão, nas salas de aula do Educandário São José, às margens da Estrada do Capenha, me ensinou a "como amar o vento" e a criar poesias. Sua orientação e paixão plantaram em mim as sementes da expressão poética, florescendo em cada verso que escrevo.

"Tudo é político."
Paul Krugman

~~~~~~

I dedicate this book to my beloved eighth grade teacher, Beth, who on sunny spring and summer mornings, in the classrooms of Educandário São José on the banks of Estrada do Capenha, taught me "how to love the wind" and write poetry. Her guidance and passion planted the seeds of poetic expression in me, blossoming in every verse I write.

"Everything is political."
Paul Krugman

PREFÁCIO
A Poderosa é Você: emoções como ferramenta de resistência em relações afetivas opressivas

Luciane de Oliveira Rocha[1]

No início das férias de verão nos Estados Unidos, recebi uma mensagem que dizia: "Lu, você tem interesse em temas acerca de relacionamentos tóxicos e relações de poder em relacionamentos heterossexuais"? Respondi que sim. Academicamente, o interesse vem das leituras e análises oriundas de minha especialização em Estudos de Gênero e da Mulher, sobretudo numa sociedade marcada pelo heteropatriarcado afetivo[2]. Qual mulher não experienciou relacionamentos tóxicos e precisa refletir? Essa pessoa, então, me disse que escreveu um livro bilíngue de 36 poemas, e pede a minha avaliação.

No e-mail seguinte, enviado juntamente com o manuscrito do livro, a autora ventila a possibilidade de eu escrever o prefácio, explicando a intenção e a importância deste livro. Compartilho com vocês trechos desse e-mail porque este prefácio já foi escrito ali. Ela disse:

> Em tempos passados, vivi uma situação dolorosa em um relacionamento, uma dor que carreguei sozinha por muito tempo. A vergonha me prendeu, sufocou minha voz, me fez questionar por que só eu passava por aquilo. Mas aos pou-

---

[1] Ph.D. em antropologia e professora adjunta de Estudos Negros na Kennesaw State University.

[2] O heteropatriarcado é um sistema de dominação social em que os homens heterossexuais são privilegiados e rotineiramente recompensados por exibirem traços masculinos, incluindo o desejo por mulheres, o distanciamento emocional, o uso manipulativo de afeto para seu poder e prazer. Por outro lado, as mulheres, as pessoas que apresentam traços considerados femininos ou que transgridem as características socialmente vinculadas ao seu sexo, recebem uma desvantagem social hierarquicamente inferior à posição masculina. Historicamente, isso se manifesta em desvantagens econômicas e sociais, tais como diferenças salariais para o mesmo trabalho ou obstáculos à obtenção de posições de liderança, mas também tem suas formas de abuso e manipulação psicológica em relações afetivas, cujo algumas características podem ser observadas no conteúdo deste livro, tais como a bomba de amor para cativar, o *gaslighting* para criar dúvida, confusão e culpa na vítima, o chá de sumiço ou "ghosting" para se desvencilhar.

cos compreendi que não estava só. Mulheres ao meu redor também silenciaram suas dores, escondendo suas cicatrizes por medo do julgamento. E então, algo mudou. A pandemia trouxe consigo uma nova coragem, uma valentia coletiva que se manifestou em podcasts como "Picolé de Limão", em que vozes anônimas ecoavam histórias de derrota e superação. [...] Então, por meio de uma catarse artística, resolvi colocar minha força e dor no papel para fazer algo bonito e duradouro. Foi o que me curou. [...] Meu público-alvo são mulheres que precisam se proteger de predadores e aquelas que estão em busca de cura emocional.

As poesias contidas em *Uma carta para o meu ex-futuro amor* demonstram a coragem e valentia da autora ao abordar experiências afetivas que se tornaram dolorosas de forma desnuda, sincera e gráfica. No contexto da pandemia de covid-19, e trazendo elementos sociais e econômicos da vida brasileira, peruana e estadunidense, os poemas descrevem um envolvimento amoroso avassalador, que gerou vulnerabilidades e conflitos tanto na esfera pessoal quanto na profissional da protagonista.

A autora se apresenta como uma mulher parda, e em diversos momentos do livro é possível perceber inseguranças impostas pelo racismo, os efeitos dele na sua autoimagem e como isso turva a ação do antagonista nesta relação pseudo-afetiva, o que a faz se sentir preterida. Muito comum entre vítimas do heteropatriarcado afetivo, a primeira resposta é tentar identificar o erro em nós. No entanto, para além de discutir essa característica da solidão da mulher negra, o texto traz elementos que contribuem para a crescente discussão sobre masculinidades tóxicas[3], tal como o

---

3 De forma sucinta, masculinidades tóxicas não são somente os comportamentos relacionados aos assédios verbais, a interrupção da fala de mulheres, o questionamento de capacidade intelectual e até a exclusão delas no mercado de trabalho, mas também os efeitos da pressão por virilidade na saúde mental do próprio homem.

nosso poder de identificar suas características quando analisamos que sentimos na relação.

Nos versos do livro, é possível identificar diversas emoções e sentimentos relacionados à essa experiência: paixão que ofusca a razão, tesão que gera conteúdo contra si, ansiedade que quase enlouquece, medo de ser motivo de piada, frustração pelo descaso, entre outras. Contudo, como não é um livro somente de dores, também é possível observar seu empoderamento, por exemplo ao trazer a visão de suas amigas sobre a situação – ter uma rede de apoio é fundamental. A carta é um documento para si mesma, um lembrete para nunca mais esquecer quem é, o que deseja de um relacionamento e como merece ser tratada.

A autora aprendeu a autorregular suas emoções através de ações. E é esta prática que gostaria de destacar como uma das possíveis chaves de leitura deste livro, e que se apresenta como a principal característica de seu empoderamento. Falo de regulação emocional não a partir da psicanálise, tema que não domino, mas a partir da Antropologia das Emoções, principalmente ao uso das emoções como ferramenta política de resistência. A regulação emocional é a capacidade da pessoa de compreender as próprias reações emocionais, buscando enxergar situações da realidade que gerem emoções negativas, e buscando, ativamente, contextos que gerem emoções positivas. Quanto à autora, custou um pouco, mas entendeu que para a violência psicológica, sua cura emocional, sua regulação, é ser feliz, escrever e buscar ambientes saudáveis para viver.

Desejo a todas uma boa leitura, empoderamento e felicidade.

PREFACE
You are the Powerful One: Emotions as a Tool of Resistance in Oppressive Affective Relationships

Luciane de Oliveira Rocha[1]

At the beginning of the summer vacation in the United States, I received a message that said: "Lu, are you interested in topics about toxic relationships and power relations in heterosexual relationships?" I said yes. Academically, the interest comes from readings and analyses arising from my specialization in Gender and Women's Studies, but especially in a society marked by affective heteropatriarchy[2]. Which woman has not experienced toxic relationships and needs to reflect? Then, this person told me she wrote a bilingual book of 36 poems and asked for my evaluation.

In the following e-mail, sent together with the book manuscript, the author explains the possibility of me writing the preface, explaining the book's intention and how she sees its importance. I share excerpts from the email because this preface was already written there. She said:

> "In the past, I experienced a painful situation in a relationship, a pain that I carried alone for a long time. Shame trapped me, suffocated my voice, and made me question why I was the only one going through that. But little by little, I realized that

---

[1] Ph.D. in anthropology and associate professor of Black Studies at Kennesaw State University.

[2] Heteropatriarchy is a system of social domination in which heterosexual men are privileged and routinely rewarded for exhibiting masculine traits, including desire for women, emotional detachment, and the manipulative use of affection for their power and pleasure. On the other hand, women, people who present traits considered feminine or who transgress the characteristics socially linked to their sex, receive a social disadvantage hierarchically inferior to the male position. Historically, this manifests itself in economic and social disadvantages such as salary differences for the same job or obstacles to obtaining leadership positions, but it also has its forms of abuse and psychological manipulation in affective relationships, some characteristics of which can be observed in the content of this book, such as the love bomb to captivate, gaslighting to create doubt, confusion and guilt in the victim, the famous "ghosting" to disengage.

I was not alone. Women around me also silenced their pain, hiding their scars for fear of judgment. And then, something changed. The pandemic brought a new collective courage that manifested itself in podcasts such as "Picolé de Limão", where anonymous voices echoed stories of defeat and overcoming. [...] So, through artistic catharsis I decided to put my strength and pain on paper to make something beautiful and lasting. That's what cured me. [...] My target audience is women who need to protect themselves from predators and those looking for emotional healing."

The poems in *A letter to my ex-future love* demonstrate the author's courage and bravery in approaching emotional experiences that became painful in a naked, sincere, and graphic way. In the context of the covid-19 pandemic and bringing social and economic elements from brazilian, peruvian, and american life, the poems describe an overwhelming romantic involvement that generated vulnerabilities and conflicts in both the protagonist's personal and professional spheres.

The author presents herself as a brown woman and at several points in the book, it is possible to perceive insecurities imposed by racism, its effects on her self-image, and how this clouds the antagonist's action in this pseudo-affective relationship, which makes her feel overlooked. Very common among victims of affective heteropatriarchy, the first response is to try to identify the error in ourselves. However, in addition to discussing this characteristic of black women's loneliness, the text brings elements that contribute to the growing discussion about toxic masculinities[3] such as our power to identify its characteristics when we analyse what we feel in the relationship.

---

3 Briefly, toxic masculinities are not only behaviors related to verbal harassment, interrupting women's speech, questioning their intellectual capacity, and even their exclusion from the job market, but also the effects of pressure for virility on the mental health of the man himself.

In her verses it is possible to identify several emotions and feelings related to this experience: passion that overshadows reason, lust that generates content against itself, anxiety that almost makes her go crazy, fear of being laughed at, frustration due to neglect, among others. However, as it is not just a book about pain, it is also possible to observe her empowerment, for example, by bringing her friends' views on the situation to the book – having a support network is fundamental. The letter is a document to herself, a reminder to never forget who she is, what she wants from a relationship, and how she deserves to be treated.

The author learned to self-regulate her emotions through actions. It is this practice that I would like to highlight as one of the possible keys to reading this book and which presents itself as the main characteristic of its empowerment. I speak of emotional regulation not from psychoanalysis, a topic that I do not understand, but from the Anthropology of Emotions, mainly the use of emotions as a political tool of resistance. Emotional regulation is a person's ability to understand their emotional reactions, identify situations that generate negative emotions, and actively seek contexts that generate positive emotions. For her it was a bit difficult, but she understood that for psychological violence, her emotional healing, her regulation is to be happy, write, and seek healthy environments to live.

I wish you all a good read, empowerment, and happiness.

Sumário

Parte 1 – O mar
Coronavírus 14
O aplicativo 16

Parte 2 – O mergulho
A hora da verdade 20
Dois inteiros 22
Balada dos nossos corpos 24
Não sei muita coisa sobre esse lugar 26
Procrastinação 28
Cólicas 30
Recebendo amigos em casa 32
Quero esse lugar dentro de mim 34
Sussurrando o eco do meu nome ao vento 36

Parte 3 – O naufrágio
Sonho de duas semanas de verão 40
Dica da melhor amiga Raquel 42
Não quero falar sobre isso 44
Afastamento repentino 46
Autocuidado 48
Minha ansiedade me enganou 50
Exposição 52
Imprevisível 54
Conselho da Melhor Amiga Brena 56
Eu me rebelo por te querer mais 58
A coragem 60
O chá de sumiço 62

Parte 4 – O fundo do mar
Boy Lixo de Manhattan 66
A dicotomia do sentir 68
Memória virtual 70
Resiliência 72
Chorando sozinha 74
Cura diária 76
A descoberta de um vício 78
O meu traço tóxico 80
O dia que te esqueci (alívio) 82

Parte 5 – O renascimento de Vênus
Fome afetiva 86
Instruções de A. Rojas 88
A maior vingança é ser feliz 90
Uma carta para o meu ex-futuro amor 92

Table of contents

Part 1 – The Sea
Corona Virus 15
Coffee and Bagels 17

Part 2 – The Dive
The Moment of Truth 21
Two Whole People 23
Ballad of our Bodies 25
I Don't Know Much About This Place 27
Procrastination 29
Cramps 31
Having Friends Over 33
I Want This Place Inside Me 35
Whispering The Echo of My Name to The Wind 37

Part 3 – The Shipwreck
Two Weeks of Summer Dream 41
Bestie Raquel's Tip 43
I Don't Want to Talk About It 45
Sudden Withdrawal 47
Self-Care 49
My Anxiety Deceived Me 51
Exposure 53
Unpredictable 55
Bestie Brena's Advice 57
I Rebel for Wanting You More 59
Courage Unveiled 61
Ghosting 63

Part 4 – The Bottom of the Sea
Unique Looking Guy in Manhattan 67
The Dichotomy of Feeling 69
Virtual Memory 71
Resilience 73
Crying Alone 75
Daily Healing 77
The Discovery of an Addiction 79
My Toxic Trait 81
The Day I Forgot You (Relief) 83

Part 5 – The Rebirth of Venus
Breadcrumbing 87
A. Rojas' instructions 89
The Greatest Revenge Is to Be Happy 91
A Letter to My Ex-Future Love 94

PARTE 1

O mar

～～～

The Sea

Coronavírus

Em janeiro estava tudo bem,
Tudo na minha vida estava dando certo.
Em fevereiro também,
Mas em março o comércio não ficaria aberto.

Numa terra estrangeira
Sem nenhum tipo de amparo
Um mar de tragédias, num grande disparo.

Um espetáculo frio de desdém sem igual,
Pesquisadores brasileiros, convocados em geral.
"Assinem ou voltem", seu destino a trilhar,
Culpa aos jovens por não preverem o azar.

Empregos desaparecem, sociedade a cambalear,
Sem calor dos amigos, meu aniversário a falhar.
Enquanto o mundo se desfaz, em pedaços a ruir,
Cidadãos dos Estados Unidos se degladiam
por papel higiênico a conseguir.

Em tempos de vírus e medo constante,
George Floyd sucumbiu à força opressante,
Brutalidade que ecoa, racismo visceral,
Uma chama que incendeia a luta racial.

Voos cancelados, mas volto à terra do canto do sabiá.
Lá fora, aves famintas gorjeiam,
sirenes tocam e a covid mata sem parar.
Minto a mim mesma, repetindo que tudo vai melhorar.
Vidas Negras Importam!

Corona Virus

In January, all was fine and bright,
Everything in my life felt just right.
February brought joy anew,
But in March, shops closed, and troubles grew.

In a foreign land
Without any support or stand
A sea of tragedies, a shot so grand.

In a grand display of cold disdain,
Brazilian researchers are called back again.
"Sign it or return", their fate to unlock,
Blame falls on the young for the unforeseen block.

Jobs vanishing, society's fall,
No birthday warmth, friends heed no call.
As the world shatters, its pieces collapse,
US citizens fight for toilet paper scraps.

In times of virus and constant fear,
George Floyd succumbed to force severe,
Brutality echoes, racism deep,
A flame ignites the fight to keep.

Flights are grounded, but I'm back to the land
where the thrush's song resounds.
Outside, hungry birds chirp, sirens wail,
and covid takes its rounds.
To myself, I lie, claiming everything will be fine somehow.
Black Lives Matter!

O aplicativo

Dedo para esquerda, dedo para a direita
Cansada dessa vitrine de gente... que coisa chata!
Ainda não estou satisfeita.
Mas aqui eu sou novata.

Dia quatro de agosto.
Pele morena e olhos expressivos, vejo meu algoritmo perfeito.
Que não seja um desgosto!
Seria ele meu eleito?

Muitas coisas em comum;
Ele sonha o que eu sonho;
Nunca o vi em qualquer lugar,
Será que o destino irá nos conectar?

Ligação de vídeo só amanhã, gatinho!
Ele insiste muito, mas não tô muito a fim.
Então mando um *gif* engraçadinho,
Esse contato virtual é assim.

Coffee and Bagels

Swipe left, swipe right, the routine goes,
A display of people, a tedious prose!
Still unsatisfied in this dating game.
A newbie here, seeking a flame.

On the fourth of august, a hopeful glance.
Brown skin, expressive eyes, a perfect chance.
May the algorithm not let me down,
Could it be the match I've truly found?

Common dreams, a shared theme;
Never spotted before, it would seem;
In this vast space, a connection newfound,
Will fate ensure our paths are bound?

Video call tomorrow, I object with jest!
He insists persistently, but I'm not impressed.
I send a cheerful gif, a cartoon's delight,
In this virtual dance, maybe things are right.

PARTE 2

O mergulho

~

The Dive

A hora da verdade

Chegou o dia
Não telefonei, mas ele me liga
Digo que o meu cabelo bagunçado atrapalharia
Minha vaidade o instiga

O que será que ele quer?
Tá muito insistente.
Gostou de mim como mulher?
Ou também está carente?

Chegou a hora
Eu o vejo do outro lado da tela e fico sem ar
Ele me pergunta se temos química... lançou a pólvora
Sinto borboletas voando e uma vontade muito peculiar
Sem perceber abri minha Caixa de Pandora.

Aqueles lábios tentadores e um olhar expressivo
Que atravessa o meu corpo e a minha alma, incisivo.
Eu mal consigo me expressar... ele tem quase tudo da minha lista.
Concluí que existe paixão à primeira vista.

The Moment of Truth

The day has come
I didn't call, but he calls me
I say my messy hair would get in the way
My vanity incites him

What does he want?
Very persistent.
Does he like me as a woman?
Or is he also needy?

It's time, no delay,
I see him on screen, my breath in disarray,
He asks about our chemistry, my body starts to sway,
Butterflies dance, desire in a peculiar way,
Unaware of Pandora's Box, its overture at bay.

Those tempting lips and an expressive gaze,
That pierces through my body and my soul in a daze.
I can barely express myself... he checks most things on my list,
I concluded that passion at first sight does exist.

Dois inteiros

Não precisamos de ninguém para nos completar,
Somos inteiros.
Juntos vamos colocar fogo em todo lugar,
Mil devaneios.

Um turbilhão de sonhos, um vislumbre para abraçar,
Ele já se faz presente em meus sonhos e anseios.
Transbordamento de emoção,
Dois inteiros numa fulminante paixão.

Two Whole People

No need for another to make us complete,
We're whole, no other half to meet.
Together we'll set fire, ignite the air,
A thousand daydreams, a fiery affair.

A blaze of dreams, a thousand in our view,
In my thoughts and desires, he's already the hue.
Emotions overflow, like a tidal stream,
Two integers caught in a passionate gleam.

Balada dos nossos corpos

Conversamos durante a semana inteira.
Sexta-feira tomei uma garrafa de vinho.
Atraída por você, já penso em besteira.
Você estava em casa sozinho.
Meu rosto corado, coração acelerado, sem pudor.
Você me liga e vem de mansinho.
Recebo uma canção de amor.
Você enlouquece enquanto eu te mando um beijinho.

Você fala o que eu quero escutar
Não penso no mal que pode vir de ti
Você gosta de me conquistar,
Eu me entrego ao momento sem hesitar.
Seu jeito confiante, seu olhar determinado,
Na penumbra, você me desafia, sempre afiado.
Com palavras certeiras, me faz perceber,
Que a noite é um jogo que queremos vencer.
Você pergunta se sinto a energia fluir,
Enquanto buscamos o momento de explodir.

Uma noite para recordar,
Risos e calor num fervente luar.
Tu sussurras segredos no calor do momento,
Enquanto o universo dança em nosso sentimento.
No instante, tua doce declaração,
"És minha *señorita*", forja nossa conexão.

Ballad of Our Bodies

We talked the entire week through.
Friday, a bottle of wine, just us two.
Drawn to you, thoughts turn a little wild.
You, alone at home, where fantasies compile.
My face flushed, heart racing, no restraint.
You call, come quietly, no complaint.
You send me a love song to hear,
While I send you a playful kiss, my dear.

You speak the words I yearn to hear
No thoughts of harm, no lurking fear
You like to win me over, it's clear,
I surrender to the moment without fear.
Your confident stance, your determined gaze,
In the shadows, you challenge me in subtle ways.
With words so precise, you make me see
That the night is a game we both want to be.
You ask if I feel the energy flow,
While we seek the moment to let go.

A night to remember,
Laughter and warmth under a fervent moon.
You whisper secrets in the heat,
As the universe dances in our bodies' beat.
In the moment, you declare so sweet,
"You are my *señorita*", a connection complete.

Não sei muita coisa sobre esse lugar

Não explorei nada desse lugar,
Terra que exporta alcachofra, peixe, ouro e cobre,
Mesmo assim, resolvi me engajar
Apesar da instabilidade política, o PIB peruano sobe.

Não sei quase nada sobre esse lugar,
Terra da grande gastronomia,
Mesmo assim, resolvi me engajar
Em aprender todos os pratos que ele queria.

Não tenho familiaridade com essa terra,
Terra de língua espanhola,
Mesmo assim, resolvi me engajar
Para ver se meu vocabulário desenrola.

Não pisei naquele país,
Terra da coca, alpaca e da lhama,
Mesmo assim, me dedicar eu quis
Pois sonhava em ser sua dama.

I Don't Know Much About This Place

I didn't explore anything about this place,
Land that exports artichokes, fish, gold, and copper,
Nevertheless, I chose to engage
Despite political instability, Peru's economy takes the stage.

I know almost nothing about this place,
Land of great gastronomy,
Yet, I decided to engage
Learning every dish, turning the page.

I'm not familiar with this land,
Spanish speaking place,
Yet, I decided to dive in
Enhancing my vocabulary within.

I haven't stepped foot in that country,
Land of coca, alpaca and llama
Yet, I chose to engage in its tale
Dreaming of being his lady, without fail.

Procrastinação

Eu preciso escrever a minha tese,
Mas me apaixonar é muito melhor.
Sou uma doutoranda viajando na maionese,
Mas se eu não escrever logo, vou ficar na pior.

Eu preciso cuidar da minha aparência física,
Mas ele gosta de mim do jeito que eu sou.
Por causa do racismo estrutural eu sou crítica,
E para a academia e cirurgia plástica eu vou.

Preciso criar raízes em algum lugar,
Mas eu sou muito aventureira.
América do Norte ou América Latina, onde ancorar?
Não quero ficar sem eira nem beira.

Batalhas na carreira, mil planos à vista,
Caminhos que mudam conforme a noite vira o dia.
Em meio à mudança, uma constante a perceber:
Ele está na minha mente, luz a me guiar, a renascer.

Procrastination

I must craft my dissertation, it's a scholarly quest,
Yet love's allure, I must confess.
A dreaming doctoral candidate, lost in romance,
But without writing soon, I'm in a scholarly trance.

I must tend to my physical appearance,
Yet he likes me as I am, no interference.
In the face of structural racism, I'm critical, no doubt,
Towards gym and plastic surgery, I'll venture out.

Roots to plant, a yearning to dare,
Yet adventure calls, it fills the air.
North or Latin America, where to land?
A choice to make, on which to stand.

Career battles, a thousand plans in sight,
Paths that veer, as day turns to night.
Amidst the change, one constant I find:
He's on my mind, a guiding light.

Cólicas

Chamada de vídeo na segunda-feira,
Não atendi.
Falei que estava me sentindo feia,
E dores durante o dia eu senti.

Prontamente percebeu,
Ao me escrever palavras encantadoras, um dom.
Uma selfie me ofereceu.
Ele, a paisagem, sublime tom.

No dia um, disse que ao meu lado iria ficar.
No dia dois, teria paciência com o meu humor.
No dia três, os meus sintomas iria aliviar.

Que ao lado dele não sentiria dor.
Expectativas começo a criar...
Seria isso o começo de algo avassalador?

Cramps

Monday's call, a missed connection,
I claimed feeling ugly, a self-reflection.
Throughout the day, an ache profound,

Promptly he perceived,
In writing charming words, a skill indeed.
A selfie he bestowed,
He, the scenery, in a sublime ode

Day one, by my side, you would promise to stay,
Day two, patience with my mood, come what may.
Day three, my symptoms, you'd gently allay

Next to you, pain seems to cease.
Expectations bloom in the gentle storm,
Could this be the start of something warm?

Recebendo amigos em casa

Sábado ele vai receber amigos em casa,
Não vai poder me ligar.
Na minha cultura isso significa outra coisa,
Para que esconder que com outras vai flertar?

Ele não é minha posse e nem objeto,
Eu me controlo sexta, sábado, domingo.
Ele podia ter sido mais discreto,
Mas em pensamento eu o xingo.

Tento me manter firme,
Domingo pela noite ele aparece.
Com sua lábia, faz seu filme.

Meu sentimento cresce.
Amor-próprio, apareça.
Essa situação me entorpece.

Having Friends Over

On Saturday he hosts friends at his place,
No call from him, leaves a trace.
In my culture, signals intertwined,
Will he flirt, leaving me behind?

He's not a thing I own or possess,
Controlled emotions during the weekend, I must address.
More discreet, he could've been,
In thought, frustrations keen.

I strive to hold my ground,
Sunday night he comes around.
Charming ways, his act displayed.

My feelings stir, emotions climb.
Self-love, please lend your prime.
Unclear, this situation's paradigm.

Quero esse lugar dentro de mim

Pelas ruas do Rio, livre a caminhar,
Avisto um restaurante peruano, deslumbre a encontrar.
Aromas exóticos, pratos a saborear,
Um convite aos sentidos, não há como ignorar.
Um clique enviado, ansiedade no olhar,
Em menos de um minuto, resposta a apitar.
Meu coração baiano, pulsando, a dançar.

Resolvi perguntar para ele se sabia o que
significava certa palavra em português.
Ele responde incorretamente. Eu rio e falo algo profano.
"Você vai tolerar minhas piadas?", exclamou
o trovador de paranauês.
Eu grito sim de um jeito super insano.
Rimos juntos, com palavras no ar,
A conversa fluía, sem parar.

Seu humor sempre leve, encanto constante
Com seu brilho e toque brincalhão, tudo é vibrante.
Decidida a conquistar, o quero assim.
Guardo meu valor, tesouro sem fim.

Ele, o prêmio, meu desejo, atração,
No calor do dia, na chama da paixão.
Trocamos palavras doces e rimos sem razão.
No meio da pandemia, vem o karaokê dele a espreitar,
Ele se despede e me deixa sonhar.

I Want This Place Inside Me

Through Rio's streets, a stroll so free,
A Peruvian restaurant, I see.
Exotic aromas, dishes to savor,
An invitation to the senses, impossible to waiver.
A snapshot sent, anticipation in my mind.
In under a minute, his reply so fleet,
My Bahian heart quickens, a rhythmic beat.

I asked if he knew a certain word's play,
He guessed wrong, and I laughed it away.
With a laugh, I throw something a bit profane,
"Will you endure my jokes?" the jester inquired,
I shouted yes, wildly inspired.
We laughed together, words filled the air,
The conversation flowed without a care.

His humor is always light, a constant delight,
I'm drawn to his wit, a playful touch, everything feels right.
Determined to win, I want him this way.
I keep my worth, a treasure that will stay.

He is the prize, my desire, attraction so clear,
In the heat of the day, in passion's fierce flare.
We exchanged sweet words and laughed without fear,
Amidst the pandemic, his karaoke fun appears,
He bids farewell, leaving dreams in my sphere.

Sussurrando o eco do meu nome ao vento

Numa das nossas mil e uma madrugadas,
encantos em cada aurora,
Falamos de nós dois e uma história que enamora.
Mais uma vez, teus lábios dizem o que meu coração quer escutar,
Verbalizando como irá se comportar ao me encontrar.

Saindo de táxi da 34th Street em Murray Hill
Em direção ao Upper East Side desta vibrante cidade
Em êxtase, gestos inéditos de um querer nada sutil,
Gritaria meu nome pela rua, para a minha vaidade.

Meu nome, ecoando no ar, declaração para o universo inteiro.
Expressando desejo, na sinfonia da noite, seu chamado verdadeiro.
Aumentando o tom, até que eu apareça e a magia acontecer.
"Georgia Rodrigues, pessoalmente quero te conhecer."

Clama o meu nome, revelando o quanto sou desejada.
Sem piedade, em fervor, para me deixar
completamente apaixonada.
Sob as estrelas, meu nome se tornaria doce melodia,
Convidando-me a sair, a encontrar meu lugar, em sua sinfonia.

Que durante a quarentena juntinhos iríamos ficar,
e cozinharia para mim, edificando o nosso lar.

Whispering The Echo of My Name to The Wind

In one of our thousand and one dawns,
enchantment in every morn,
We speak of us, a tale that enamors, a spark is born.
Once again, your lips utter what my heart yearns to hear,
Expressing how you'll behave when I draw near.

Getting a taxi on 34th Street in Murray Hill's embrace,
To the Upper East Side, in the city's vibrant space.
In ecstasy, unprecedented gestures of an unsubtle desire,
You'd shout my name on the street, fueling my own fire.

My name, echoing in the air, a declaration to the entire universe.
Expressing desire in the night's symphony, your call diverse.
Increasing the pitch until I appear, the magic to unfold,
"Georgia Rodrigues, personally I want to behold."

Crying out my name, revealing how much I'm desired.
Without mercy, in fervor, to leave me
entirely inspired.
Beneath the stars, my name transforms into a sweet melody,
Inviting me to step out, to find my place in your symphony.

Throughout quarantine, together we'd remain,
He'd cook for me, and our home a passion domain.

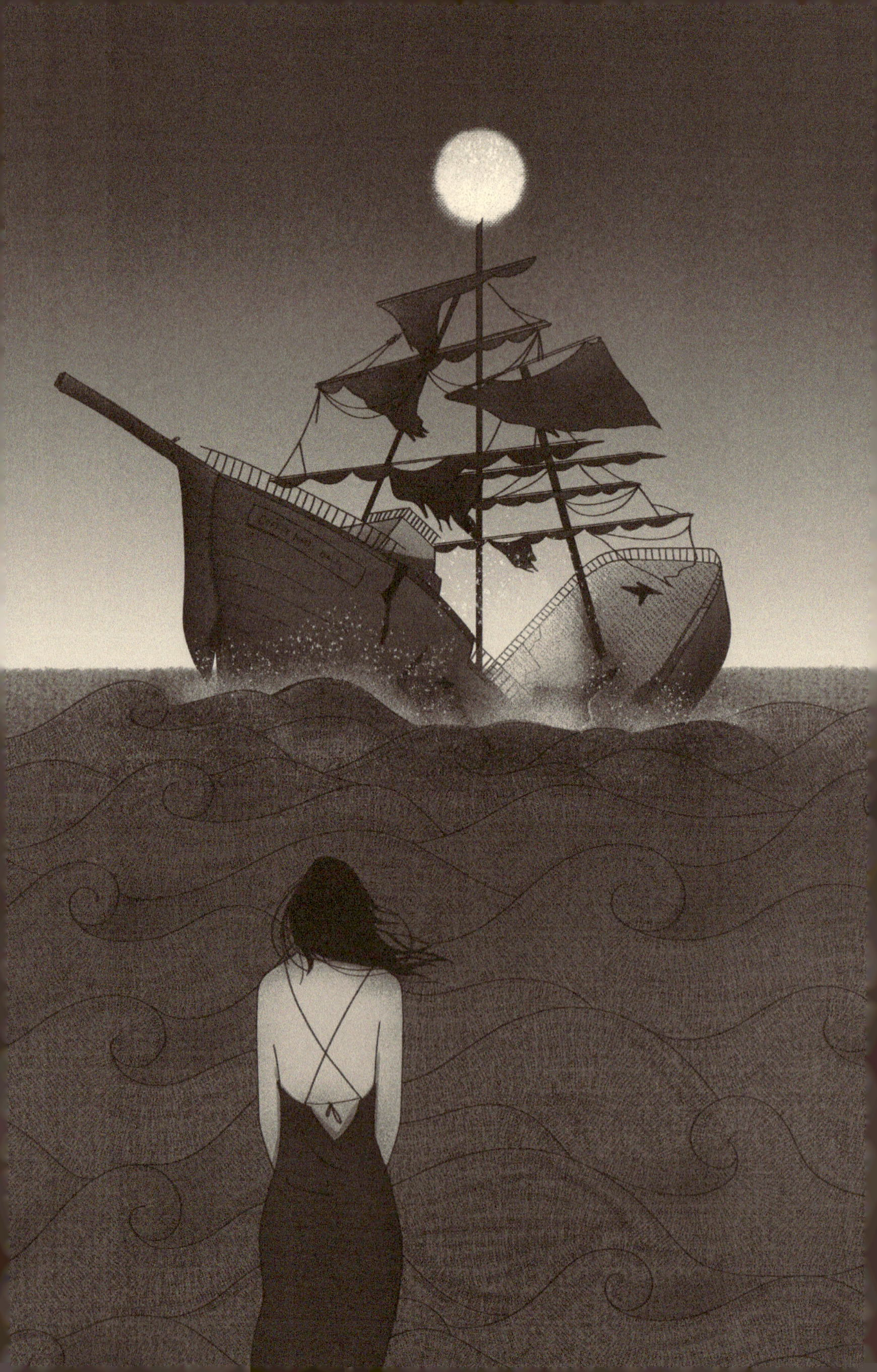

PARTE 3

O naufrágio

~

The Shipwreck

Sonho de duas semanas de verão

No início, a chama,
Seus olhos com brilho profundo,
Meu coração se entrega à trama,
No mais sutil e encantador segundo.

A conexão é instantânea, forte e vital,
Mas a distância é intercontinental;
Tua ligação, a cada hora, a sinalizar,
Vinte e quatro horas a te recordar.

Sentimental demais, meu coração em sintonia,
Em pensamentos contigo, a cada hora, todo dia.

Duas semanas depois você me recomenda terapia;
Acabou a intensa interação em rede social.
Onde foi parar aquela magia?

Tudo o que restou foi um brilho passageiro,
Não era o que eu queria, um anseio verdadeiro.
Agora, ouço "El triste" e sinto o pesar
do fim desta relação digital sem mais esperar.

Two Weeks of Summer Dream

In the beginning, the flame's warm glow,
Your eyes with a mesmerizing show.
My heart surrenders to the present,
In the most subtle and enchanting moment.

Connection sparks, instant and bright,
Yet distance spans an intercontinental flight.
You call incessantly, a constant chime,
Twenty-four hours, in love's sweet rhyme.

Too sentimental, my heart holds sway,
In thoughts of you, every hour, every day.

Two weeks later you recommend me therapy;
The intense online interaction fades, a mystery.
Where did that magic go, lost in the air?

All that remains is a fleeting gleam,
Not what I wanted, a true dream.
Now I listen to "El triste" and feel the weight,
Of this digital affair that ended too late.

Dica da Melhor Amiga Raquel

Amiga, ele é um caso bem fora do padrão!
Sem compromisso, só diversão, na ilusão!
Sonhos bobos, sem noção, na contramão!

Bestie Raquel's Tip

Girl, he's a sight, quite a funny delight!
No strings attached, just taking flight!
Daydreams spin wild, what a playful plight!

Não quero falar sobre isso

Um dia eu perguntei: "Você quer uma amiga
ou um relacionamento?"
Eu ouvi: "Não seja ansiosa; esteja aqui primeiro".
Tive esperança em algum desdobramento.
Comecei a contar os dias para sair do solo brasileiro.

Ainda perguntei: "Por que a gente não se fala como antes?"
Eu ouvi: "Você liga para sua família todos os dias?"
Entendi que, em sentimento, estávamos distantes.
Resolvi guardar todas as minhas fantasias.

Ainda me pede para não forçar interações virtuais,
Será ele o mesmo, como nos tempos iniciais?
No mesmo instante, audacioso, sem censura,
pede fotos sensuais, uma nova tortura.

Nesse narcisismo patológico, saem de cena o encanto,
a doçura das palavras, e entra o meu pranto.
Assume o palco sua ausência emocional,
Domina-me com seu poder, numa trama infernal.
Em cena, seu controle, um domínio imoral.
Um show onde meus desejos são presos
em correntes, algo anormal.

Penso em remar a minha própria canoa
Mas meu sentimento me trai com expectativas irreais
Pergunto sobre o escândalo no governo peruano
e comigo parece não querer falar mais.

I Don't Want to Talk About It

One day I asked: "Do you want a friend or something more?"
I heard: "Don't be impatient; be here before".
I had hope for some unfolding.
I've started counting the days to leave
Brazilian soil, my heart withholding.

I questioned again: "Why the change in our chat?"
He responded: "Daily calls to your family,
do you keep up with that?"
I grasped the distance in our sentimental stance,
Dismantling boldly, every daring advance.

He asks me yet to not push for virtual ties
Is he still the one I once recognized?
In the same breath, the nerve even to demand
sensual photos, a bold command.

In this narcissistic plight, the enchantment fades away,
The sweetness of words and reciprocity, in disarray.
Taking the stage, your emotional absence takes hold,
Dominating with your power, a plot infernally bold.
On the scene, your control, an immoral reign,
A performance where my desires are bound in chain.

I contemplate rowing my own boat,
But my feelings betray me with expectations remote.
I ask about the scandal in the peruvian
government, yet with me, you seem to gloat.

Afastamento repentino

Quanto mais mostro meu afeto, menos ele quer receber.
O que será que houve? Eu preciso saber!

Sinto falta da atenção, outrora tão plena,
Será que errei, alguma ação obscena?
Nada mais frustrante que pensar:
"Será que mereço o amor que um dia ele poderia me ofertar?"

Num misto de desespero e infantil tentativa,
busco atenção virtual.
Nas redes, chamo atenção, ansiosa e cativa.
Posts do interesse dele, minhas fotos e tento algo especial.
Mas as postagens e fotos são em vão.
A sensação de perder tudo numa dura lição.
Por mais que tente, sua atenção não mais tenho,
Minha comida não tem sabor, o dia é sem
brilho, em meu tamanho desalento.
Nada parece ter a mesma graça, é meu lamento.

Mando presentes, como um tributo real,
Mas meu prêmio é desinteresse, um vazio total.
Responsabilidade afetiva, ausência persistente,
Meu coração, agora, tão solitário e carente.

Não vale a pena guardar rancor no peito,
Nem paralisar meu viver desse jeito.
Distancio-me de mim mesma, na escuridão,
Boicotando a vida com ações de solidão.
Apenas queria deixar de sentir, apagar,
Pois o alívio reside em não mais se importar.

Sudden Withdrawal

The more I show my affection, the less he wants to receive.
What happened? I need to perceive!

I miss the attention, once so complete,
Did I commit any discreet defeat?
Nothing more frustrating than to ponder:
"Do I deserve the love he could once tender?

In a mix of desperation and childish plea,
I seek virtual attention, hoping he'd see.
On social media, I strive to allure.
Posts of his interest, my photos, seeking a cure.
But posts and photos in vain.
The feeling of losing it all, a harsh refrain.
No matter how hard I try, his attention's no more,
My food lacks taste, the day lacks a
shimmer, in my sorrowful core.
Nothing seems to be the same, it's my lament.

I send gifts, like a loyal tribute,
But my prize is indifference, a void absolute.
Affective responsibility, an absent refrain,
My heart, now lonely and in pain.

It's not worth harboring resentment within,
Much less paralyze my life with such a sin.
I distance myself from my own reflection,
Sabotaging life with actions of isolation.
I just wanted to cease feeling, erase,
Because relief lies in no longer caring about that place.

Autocuidado

A gente não se fala mais como antes,
Não vou forçar mais interação virtual.
Sentimentos distantes e expectativa desigual.

Relendo as conversas, realmente era algo físico.
Algo metafísico era o que eu estava querendo.
Mas no fim, percebi que estava me perdendo.

Não quero sentir esse vazio no meu peito.
Mergulhei numa crise de abstinência.
Não faço nada direito, em noturna decadência.
Estou tentando reagir.

Quanto mais tento resistir, mais eu sinto
sua presença no meu pensamento.
O que será que eu fiz? Ele achou que eu
estava atrás de um casamento?

Estava de malas prontas para viajar para dentro de ti
Resolvi desfazer as malas, pois algo ruim pressenti.

Tento me manter ocupada, busco apoio com ardor.
Deleto fotos, conversas, ganho mais vigor.
Sua barca se foi, distante do meu cais.
O virtual, mera fantasia, sem sinais.
Adeus às ilusões que me envolviam,
Hora de seguir adiante, eu dizia.

Self-Care

We don't talk like we used to do before,
I won't force virtual interaction anymore.
Feelings distant, expectations uneven.

Rereading conversations, it was just a physical attraction.
Craving the metaphysical was my ethereal.
But in the end, I found myself in peril.

I don't want this emptiness in my chest,
Plunged into withdrawal, feeling unrest.
I can't seem to do anything right,
In total decadence, lost in the night.
I'm trying to react.

In resistance, your presence persists, a subtle twist,
What have I done? Did he think I wanted a ring, an eternal tryst?

Bags were packed, a journey to him, a whim,
Unpacked, an ominous sense, a foreboding swing.

I strive to stay busy, seek some support.
Deleting photos, chats, gaining fort.
Your boat sailed away from my pier.
The virtual was just a fantasy, clear.
Farewell to illusions that once held sway,
It's time to let go and move on, I say.

Minha ansiedade me enganou

Decidi te chamar, sem mais rodeios ou temor,
Para uma conversa franca, sem qualquer pudor.
A noite prometia, com um toque de sedução,
Momentos etéreos, em meio à nossa conexão.

À luz da lua, no meu quintal, tivemos um diálogo ousado,
No dia seguinte, um olhar do vizinho foi um pouco inesperado.
A ligação internacional que eu esperava não se concretizou,
Mas a experiência foi um aprendizado que a vida proporcionou.

Mando mensagens, você visualiza e demora a responder.
Uma grande frustração eu tento esconder.
Custava tanto assim você me corresponder?

O aplicativo indica que você ainda procura
alguém para se encontrar.
Com os olhos cheios de lágrimas, lamento pela
próxima pessoa que você vai enganar.
Infinitos gestos de carinho e cuidado me fizeram pensar
em alguma possibilidade de você se apaixonar.
Dos seus pezinhos feios não quero mais lembrar.

Depois lembrei que ele só tinha trinta e três.
Que se formou numa universidade de burguês.
Devo ter confundido tudo por causa da minha surdez.

Mostrei de cara o quanto estava encantada,
Aquelas palavras doces não passavam de uma fachada.
Observando no espelho a minha cara de palhaça,
Entendi o quanto estava ferrada.

My Anxiety Deceived Me

I called you up, with no pretense or fear,
For a bold, direct chat, nothing to clear.
The night promised sparks, with a touch of seduction,
Ethereal moments between us in our connection.

By the moonlight, in my yard, our conversation was deep,
The next day, a neighbor's glance was quite a surprise to keep.
The international call I hoped for did not come through,
But the experience was a lesson that life graciously knew.

I send messages, you left on read and take ages to reply.
A great frustration I try to deny.
Couldn't you respond without making me sigh?

The app hints you're still seeking someone to meet.
With tear-filled eyes, I lament the next person you'll cheat.
Endless gestures of care made me consider
a possibility of love, bittersweet.
I want to forget his cute ugly feet.

Then I remembered he was only thirty-three.
Graduated from a bourgeois university.
I must've confused it all due to my disability.

I revealed upfront, enchanted by a cosmic dance,
Sweet words, a mere façade, not true romance.
Gazing in the mirror, my clownish reflection,
Realized how deep I was in a tricky connection.

Exposição

Estou a milhas de distância,
Ele está mais longe ainda de mim.
Estou com muita ânsia,
Mas eu disse sim.

Escolhi a forma errada de expressar o que sinto,
Enviei uma mensagem, um gesto pequeno e distinto.
Em busca de compreensão e conexão,
Seria isso motivo para arrependimento ou reflexão?

Seria ele íntegro e ético?
Evito ser objeto de zombaria, patético.
Mas se me expuser de modo frenético,
Evito ser alvo de críticas e desdém,
Mas sei que ao me expor, o risco é de ser mal vista também.
Buscando ser desejada, o risco de críticas se instala.

Enquanto o mundo o enaltece,
Como macho sedutor incansável,
A mim desaprova como indecente e insustentável.
Num julgamento insuportável.

Eu enfrento críticas que me fazem refletir,
Sobre a forma como busco me fazer sentir.
O julgamento é severo e difícil de enfrentar,
Mas sigo em frente, sem deixar de acreditar.

Exposure

I'm miles away,
He's even further, they say.
With anticipation, I sway,
But I said yes that day.

I chose the wrong way to express what I feel,
Sent a message, a gesture small and real.
In search of understanding and a true connection,
Is this a cause for regret or just reflection?

Would he be upright, ethical, and just?
I shun becoming an object, a jest, unjust.
I try to avoid scorn and disdain,
Yet exposing myself might bring the same pain.
Seeking to be desired, judgmental winds come again.

While the world applauds him,
A tireless seducer,
It disapproves me as indecent and lesser.
In an unbearable judgment, harsh and oppressor.

I face critiques that make me reflect
On how I seek to be understood and connect.
The judgment is harsh and hard to bear,
But I keep moving forward, with hope and care.

Imprevisível

Você se mostrou tão doce e divertido;
Voce me confunde, não sei o que você quer.
Estou aqui sozinha com meu coração dividido.
Você vai ficar brincando comigo ou vai me fazer ser sua mulher?

Divido meu tempo entre me amar e acreditar no que você diz,
Para que arriscar se não vou te ganhar?
Estou cansada dessa vida em gris,
Acabe com essa ambiguidade e venha para ficar.

Na quinta quer um romance numa cabana no meio da floresta;
No domingo diz que é um homem urbano e fico a pirar.
Que tal uma conversa honesta e sincera?
Ainda estará à minha espera?

Meu terceiro sentido, incerto a sondar...
Indecisão ou desonestidade em seu olhar?
Ou você apenas quer me afastar?
Qual é a resposta? Eu quero escutar.

Unpredictable

You appeared so sweet and fun;
You confuse me, unsure of what you want.
Here I am alone, my heart's torn in two.
Will you keep playing games or make me your boo?

I split my time between loving myself and trusting your word,
Why take risks if I won't be the one you've preferred?
I'm tired of this life in shades of gray,
End this ambiguity and come to stay.

Thursday's request: a forest's romance glow;
Comes Sunday, a city man's persona you show.
How about an honest, clear conversation?
Will you still await, full of elation?

My intuition wavers, unsure, a bit modest,
Are you indecisive or subtly dishonest?
Or do you wish for my absence, plain and clear?
The answer, my dear, I long to hear.

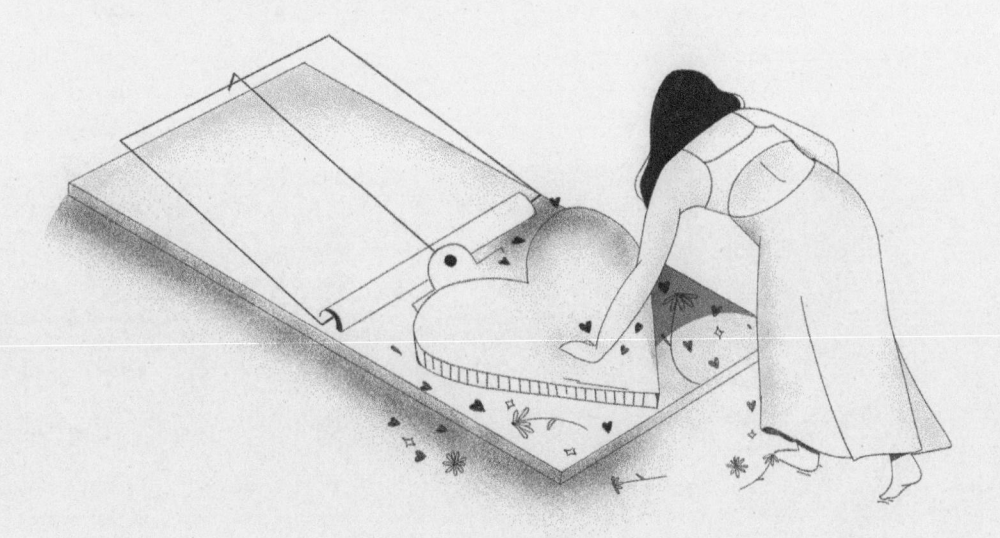

Conselho da Melhor Amiga Brena

Ah, amiga, não aceite migalha!
Sei que é mais fácil falar que fazer.
Seu coração partido será uma muralha,
e você vai perder a alegria de viver.

Bestie Brena's Advice

Oh, dear friend, don't settle for mere crumb!
Easier said than done, I know, but don't succumb.
Your shattered heart will build a wall so tall,
And you'll lose the joy, the zest in all.

Eu me rebelo por te querer mais

Eu vejo o mundo em ebulição e a América Latina em turbulência.
Declamam fogo no congresso da Guatemala,
pois acabou a paciência.
Em Santiago a crise impulsiona a retomada
dos protestos, fazendo história.

Revolta no Peru, entre os gritos de "Fora Merino",
"Inti e Brian vivem para sempre em nossa memória."

Já são duas horas da manhã e não consigo dormir.
Observo minha produtividade cair;
A minha racionalidade me manda desistir.
Os meus sonhos querem insistir.

Tinha tudo para ser mais um ano de *establishment* e calmaria,
E então vieram as disparidades, alimentadas
pelas chamas da pandemia.

Queria ter entendido que seu discurso
não passava de uma miragem.
Ultimamente atravessei um processo de autossabotagem.
Vou lutar por grandes utopias e sair tirando vantagem.

Eu achei que você era incrível, mas incrível
era o que eu sentia por você.
Revela sua verdade, me mostra seu dossiê.
Você é apenas uma pessoa comum que
tive o desprazer de conhecer.

I Rebel for Wanting You More

I see the world in turmoil, Latin America ablaze.
In Guatemala, they proclaim, no more delays:
congress in flames, patience at its end.
In Santiago, protests rise, history to defend.

In Peru, revolt shouts loud and clear,
"Merino, out!" echoes in the atmosphere.
"Inti and Brian live on," the rallying cry,
in our memories they'll never say goodbye.

It's already two in the morning, and I can't sleep.
I watch my productivity take a steep dive;
My rationality tells me to give up, to weep.
Yet, my dreams want to survive.

Expected another year of establishment and steady sail,
And then disparities arose, fueled by the pandemic's gale.

I should have realized your words were a mirage.
Lately, I've engaged in a process of self-sabotage.
I'll fight for grand utopias and take advantage.

I thought you were amazing, but amazing was what I felt for you.
Reveal your truth, expose your dossier.
You're just an ordinary person I met on my way.

A coragem

Eu não sabia como lidar com o que
estava dentro do meu coração.
Coloquei todos os meus sentimentos num papel.
Eu poderia simplesmente ter composto uma canção,
Mas com seus ouvidos eu não quis ser cruel.

Envolta em pensamentos tristes e sem esperança,
Joguei fora tudo que me afligia.
Mergulhei para dentro de ti com a
inconsequência de uma criança,
Eu e minhas trinta e poucas primaveras
vivendo uma intensa paixão tardia.

Eu precisava dividir tudo isso.
Resolvi te mandar dois sonetos.
Já estava esperando o seu sumiço.

Você, *online*, olha os folhetos.
E pergunta gentilmente se agora literatura
é o meu novo compromisso.
Eu me pergunto: isso é piedade ou deboche?

Courage Unveiled

I pondered what to do with the feelings deep within.
On paper, I penned my heart, where emotions begin.
I could have composed a melody, a sweet-sung tune,
Yet, with your ears, I sought not to be marooned.

Wrapped in thoughts of sorrow, a despairing trance,
I spilled my troubles out, took a daring chance.
Dove into you with the innocence of youth,
In my thirties, passion bloomed, a late-found truth.

I needed to share this whirlwind of emotion.
Two sonnets dispatched, anticipating devotion.
Expecting your retreat, a vanishing act so clear.

Online, you peruse, questioning literature's frontier.
A gentle inquiry about my newfound artistic endeavor.
I wonder silently: is it sympathy or jesting clever?

O chá de sumiço

Ele diz que não entendeu a contradição entre gostar da natureza
durante o fim de semana e gostar da cidade durante a semana.
Ele diz que eu devo cuidar de mim, cheio de paciência a transbordar,
Com compreensão vasta, profundo o olhar.
Ele diz que eu devo presumir menos, e em nossos diálogos, confiar.
Ele diz que eu preciso navegar em meu interior,
sem receios a enfrentar.
Ele diz que somos latino-americanos, com sonhos a florescer,
Distintos e compartilhados como um rio a correr.
Ele sugere terapia para eu persistir no caminho,
Enquanto a vida se desenha em seu redemoinho.
Ele diz que quer tomar um chá comigo, um abraço a compartilhar.
Cara a cara, só nós, em doçura a se encontrar.
Ele diz "amigos seremos", suas palavras a se estender.
Ele diz "cuida de ti, meu bem, é o que eu quero dizer".
Ele revela tudo, cada pleito, cada traço.
Num diálogo aberto, cada espaço.
      Ele diz...
           Ele...
              Ele sumiu.

Ghosting

He says he doesn't understand the contradiction, the dual delight
Nature's embrace on weekends,
city's allure in the week's light.
He says I need to care for myself, patience abounds,
With all the understanding in the world, so profound.
He bids me presume less, trust in our dialogue's finesse,
Guides me to navigate within, fears to address and reassess.
As Latin Americans, our dreams may beam,
Distinct yet shared, like a flowing stream.
He says therapy is where I should persist,
As we navigate our lives, a tumultuous twist.
A tea date proposed, a shared hug in the air,
Face to face, just us, sweetness beyond compare.
"We should be friends," his words extend.
Urges care, my well-being to mend.
He lays it all out, every plea, every trace.
In an open dialogue, every space.
    He says...
        He...
           He is gone.

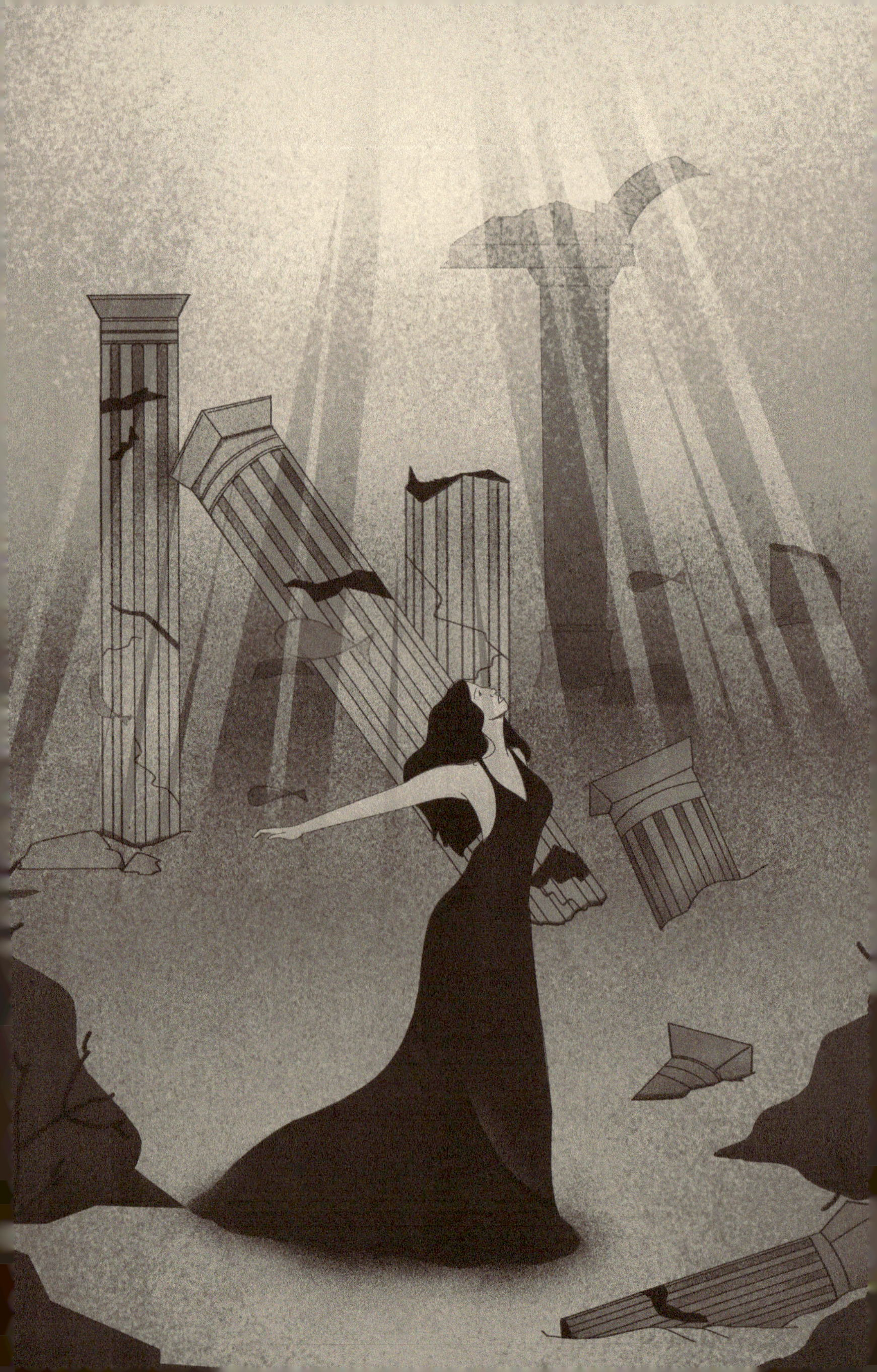

PARTE 4

O fundo do mar

~

The Bottom of the Sea

Boy lixo de Manhattan

A pior coisa que pode acontecer
a uma mulher é perder
seu amor-próprio por alguém que acabou de conhecer.

Minha amiga, a mais sábia, alertou com razão:
"Se humilhar, que seja por um homem alto e bonitão."
Meu equívoco, ela diz, foi dar créditos a um garotão,
sem atrativos, apenas palavras, sem verdadeira paixão.

Ele era muito divertido, um perigo.
Podia até ser engraçado, mas o desfecho, um castigo.
Não sei como ele foi capaz.
Esse epílogo, nenhum riso me traz.

Para secar meu pranto, minha amiga brinca com destreza,
Sobre a falta de beleza dele, com piadas na mesa.
Diz que, se numa casa assombrada ele entrar,
De lá sairá com emprego, na assombração a prosperar.

Parecia bom de longe mas era muito longe do bom.
Meu tempo, meu dinheiro e coração em vão.

Unique Looking Guy in Manhattan

The worst thing that can occur
to a woman is to blur
her self-love for someone just met, unsure.

My friend, as wise as can be, cautioned with care:
"If humiliated, let it be for a tall and handsome, a vision rare"
My mistake, she claims, was giving credit to a mere flair,
no charm, just words, no true love affair.

He was quite amusing, a perilous jest.
Might have been funny, but the ending, a test.
I don't know how he was able.
This epilogue, no laughter on the table.

To dry my tears, my friend jests with grace,
Mocking his lack of beauty, putting him in his place.
She says, if in a haunted house he'd dare,
He'd leave with a job, in haunting a flair.

Seemed good from afar but far from the good.
My time, my money, and heart misunderstood.

A dicotomia do sentir

Se não é para ser intenso, que seja ausente.
A vida é breve, isso é patente.

Se não é para ser intenso, melhor o silêncio manter.
Palavras vazias só fazem o coração doer.

Se não é para ser intenso, me deixe, rapaz.
Não roube minha solidão sem trazer paz.

Se não é para ser intenso, melhor nem chegar.
Sabia que não seríamos, por acaso, um par?

Se não é para ser intenso, melhor nem se envolver.
Por favor, saia dos meus pensamentos, não quero sofrer.

Se não é para ser intenso, pare de me provocar.
Por que, afinal, você fez isso, sem se importar?

Se não for intenso, melhor não instigar.
Outras formas solitárias de prazer você deve buscar.

Se não é para ser intenso, evite esse olhar.
Por que fez isso? Eu começo a questionar.

The Dichotomy of Feeling

If it's not meant to be intense, it's better not to be.
Do you know life is too short, can't you see?

If it's not meant to be intense, it's better not to speak.
Why utter empty words, emotions weak?

If it's not meant to be intense, it's better to let me
Why steal my solitude, offering no company?

If it's not meant to be intense, it's better not to come.
Did you already know we'd never be one?

If intensity isn't meant to be, it's wiser not to engage.
Please, depart from my thoughts, I don't want to suffer this stage.

If intensity isn't the goal, cease to tease my core.
Why, after all, did you do this, without caring anymore?

If not intense, better not to ignite.
Seek solitary pleasures, in a different light.

If it's not meant to be intense, it's better not to gaze.
Why did you do that, leaving me in a daze?

Memória virtual

Alguns meses se passaram.
Minha vida voltou ao normal.
Meus pés aterrizaram.
Resolvi vasculhar no celular a memória virtual.

Olho as suas fotos que ficaram arquivadas,
Releio as mensagens que nunca mandei.
Imagens de sorrisos e fotos apagadas,
Muita irracionalidade nas expectativas que criei.

Releio os versos que escrevi,
E começo a rir um pouco.
Passeios cancelados de lugares que nunca vi.

Meu tempo em vão e meus sentimentos em jogo.
Foi a prova da minha coragem de expor vulnerabilidade por ti
Aquele verão foi muito louco.

Virtual Memory

A few months have gone by.
Life returned to the usual, oh so sly.
My feet on the ground, steady and firm.
I decided to delve into the virtual memory, a quiet term.

I glance at your photos, neatly stored away,
Reread messages I never sent, a dance of delay.
Images of smiles and photos erased,
So much irrationality in expectations I've embraced.

I revisit the verses I once scribed,
And find myself laughing, my emotions untied.
Cancelled trips to places unseen.

My time wasted, emotions caught in between.
It was a testament to my courage, exposing vulnerability for you.
That summer, a whirlwind, a crazy rendezvous.

Resiliência

Narcisistas não estilhaçam corações, mas sim almas.
Por isso, demora tanto tempo para se recuperar
São pessoas impossíveis de desvendar atrás de máscaras.
Enganos e desencantos tentarão me dobrar,
Contornar,
Subjugar,
Açoitar,
Dissuadir,
E até me fazer desistir.
Mas mesmo assim, jamais hei de quebrar.

Resilience

Narcissists don't shatter hearts, but rather souls,
Hence, the prolonged healing, as time unrolls.
Imperceptible behind masks, they play elusive roles
My errors and disappointments may bend me,
Navigate around me,
Submit me,
Strike me,
Dissuade me,
And even try to make me yield.
But I will never shatter.

Chorando sozinha

Um dia, da ingenuidade hei de me libertar,
Agora observo mais, pronta para encarar.

Sem expectativas eu vou viver,
Pois aprendi muito, agora sei como proceder.

Um dia, meus sonhos vou realizar,
Sozinha eu posso trilhar, não preciso esperar.

Um dia, mais em mim vou confiar,
Eu brilho como o sol, é tempo de afirmar.

Um dia, hei de abraçar e viver normalmente,
Temos uma vacina que já se desenvolve, um futuro à frente.

Um dia, o carinho que dei retornará,
Ainda tenho fé nas pessoas, confiante estarei lá.

Um dia, alguém verdadeiramente me desejará,
O mais intenso amor, dentro de mim já está.

Depois da pandemia, nessa jornada de mim,
Me encontrei assim, amor-próprio sem fim.

Crying Alone

One day, I hope to cease being naive,
Now I observe more, my perceptions weave.

One day, I hope not to hold expectations tight,
Now I've learned a lot, gained insight.

One day, dreams to fulfill, I aspire,
I can achieve them alone, my own fire.

One day, trusting myself, I long to do,
Now I know I shine like the sun, too.

One day, I'll live normally, embracing with care,
Now vaccines are developed in the pandemic's air.

One day, I'll receive the love I've shared wide,
I still have faith in people, side by side.

One day, someone true I'll see,
The most intense love already transpires in me.

After this journey in the midst of the pandemic's scheme,
I found myself, embraced my own esteem.

Cura diária

A única maneira de seguir em frente é aceitar.
A verdade sobre o motivo dessa paixão terminar.

Por que teve de acabar?
A gente poderia ter tudo juntos.
Mas você não é mais tudo aquilo que romantizei.
Mais uma vez enganada pelas expectativas que criei.

Não vou me vitimizar pelo meu péssimo gosto em homens.
Só o tempo vai fazer a raiva e o ressentimento passarem,
Apesar da injustiça da vida, tudo é efêmero também.

Vivo o luto de alguém que sumiu da minha
vida mas não da minha memória.
Meu coração dói ao acordar e lembrar que ele
não me quer mais em sua história.
Tentei negar o fim, fiquei com raiva, me humilhei por atenção,
cheguei no fundo do poço, e para me curar,
preciso aceitar esta situação.

A cura jamais é linear.
Vivo o dia do pranto, da ira, ou até da calmaria,
Quero apenas a paz, em meu coração, a melodia.
Superar a mim mesma é o desafio a trilhar,
Valorizar minhas rachaduras me faz serenar.
Estou quebrada, mas me renovo, única no meu ser,
Aceito as imperfeições, vejo a mudança florescer.
Cicatrizes que me tornam insubstituível e madura,
Em constante evolução, minha jornada perdura.

Daily Healing

The only way to move forward: acceptance is the key.
The truth behind why this passion had to flee.

Why did it cease? We could have stood tall.
We could have had it all.
But you're no longer everything I romanticized.
Once again deceived by expectations I devised.

No victim here, just lessons to apply.
Time will mend the anger, resentment's din,
Life's unfair, yet everything is temporary within.

I mourn someone who vanished from
my life but not from my memory.
My heart aches waking up, knowing he
doesn't want me in his story.
In denying the end, my anger and plea took flight,
Rock bottom reached, healing starts with acceptance's light.

Healing is never linear.
Living through days of tears, anger, or even calm,
I just want peace, in my heart, the soothing balm.
Overcoming myself is the challenge to embrace,
Appreciating my cracks brings me grace.
I'm broken but renewed, unique in my essence,
I accept imperfections, witness change's presence.
Scars that make me irreplaceable and mature,
In constant evolution, my journey will endure.

A descoberta de um vício

Ninguém sente minha dor, é um fardo só meu.
A profundidade do meu problema, ninguém percebeu.
Não era uma crise de meia-idade, mas um vício.
Estar apaixonada é como estar em feitiço.
Busco me perdoar pelo que fiz quando estava cega,
Rebaixando-me por atenção, antevendo a dor que me espera.

Ele começou, insistiu, perturbando minha espiritualidade.
Sem respeito, sem desculpas, nenhuma responsabilidade.
Sedutor que me derrotou, seus olhos e boca dizendo sim.

Porém sua alma recusava, não era para mim.
Eu sabia, mas relutava em enxergar.
Relações on-line alimentaram meus déficits de realidade,
Criando uma fantasia sobre alguém que eu mal conhecia.
Ele era a minha cocaína, mas também ocitocina,
Dopamina, serotonina e endorfina.

A esperança de tê-lo de volta para me sentir inteira
Só evidenciou todos os vazios da minha biografia.
Fui tola de jogar minha felicidade nas mãos
de alguém que nem me merecia?

Transcender um coração partido não é apenas uma luta,
Mas uma batalha onde recuperar minha força se traduz
em busca absoluta.

The Discovery of an Addiction

No one feels my pain; it's a burden mine alone.
The depth of my problem, nobody has known.
Not a midlife crisis but a vice I've sown.
Being in love is like being hypnotized, it's shown.
Seeking forgiveness for what I did when blinded,
Debasing myself for attention, the pain I anticipated.

He began, persisted, disturbing my spirituality.
No respect, no apologies, no emotional responsibility.
A seducer who brought me down,
his eyes and lips saying "yes".

Yet his soul refused, not meant for me, I confess.
I knew, but I hesitated to see.
Through online ties, reality's hole they feed,
Crafting a fantasy around one barely known indeed.
He was my cocaine, oxytocin, and more,
Dopamine, serotonin, endorphin, a concoction to explore.

Hope of his return to fill my soul's space
Exposed my voids, life's complex embrace.
Foolish to entrust my joy to hands undeserving,

Transcending heartbreak, a journey worth preserving.
Struggle unfolds, shedding my blindness, resolute,
In this battle, reclaiming strength is my pursuit.

O meu traço tóxico

Eu achava que era perfeita,
Mas descobri que não sou tão boa assim.
Não aceito desfeita,
Tenho problemas para aceitar um fim.

A mágoa da rejeição virou obsessão.
Deveria canalizar isso em nova direção e me
proteger de tanta humilhação. Mas não.
Eu queria apenas o "sim", a aceitação e a exaltação.
Mas as ânsias do meu coração escapam à razão.

A "*audácia*" dele em desafiar o roteiro de tudo que eu sonhei
Feriu meu orgulho, pois meu ego não saciei.
Não é sempre que o meu ego vai se contentar,
Por que forçar interação quando o desejo não há de pairar?
Será tarefa hercúlea sarar,
as feridas da minha infância a encarar?
Forçar uma relação que não deve ser.
Talvez seja hora de deixar minha criança interior florescer.

Eu apenas estava repetindo o que me era familiar.
Perceber a rejeição e lutar por aceitação,
Mas como sempre, tudo em vão.

Minha gramática amorosa, vou descartar,
Pois nela o amor se expressa de forma desigual.
Rejeição, já sei o que esperar,
Não quero mais essa dor tão habitual.
Na busca de um novo amor, serei mais cautelar,
O primeiro sinal de desinteresse vai me afastar.

My Toxic Trait

Once, I thought perfection was mine to claim,
But I discovered I'm not as stellar as I aimed.
I can't accept rejection; it stirs a storm,
Endings, for me, present a challenging norm.

Hurt of rejection turned into an obsession.
I should've redirected it, found a new expression.
I sought a simple "yes," acceptance, admiration.
Yet, my heart's desires elude reason's foundation.

His "*audacity*", deviating from my scripted dreams,
Wounded my pride, not all is as it seems.
Not always can one appease my ego's call.
Why to force a connection that's not desired at all?
Is it a Herculean task to mend,
the wounds of my inner child, my friend?
To press for a connection not meant to be.
Perhaps it's time to set my child-self free.

I was just repeating what was familiar and riled.
Perceiving rejection, seeking acceptance, yet in vain,
A familiar cycle causing recurring pain.

My love grammar, I'll discard that,
It expressed love unevenly, and in that, lays a trap.
Rejection, I know what to anticipate,
No longer embracing this accustomed state.
In the pursuit of new love, I'll tread with care,
The first sign of disinterest, I'll gracefully bear.

O dia que te esqueci (alívio)

Numa manhã radiante de sol no campo,
Acordei ao som sereno do latir do meu fiel amigo.
Levantei-me com uma leveza que embalou meu dia,
Ao findar a noite, esqueci toda agonia.
No dia seguinte veio um sentimento de paz.
Algo que eu achei que jamais seria capaz.
Ri das minhas tolices e preocupações desnecessárias.
Tornei trivialidades em coisas maiores apenas por pensar demais.

E no outro dia, lembrei que te esqueci,
E o melhor ainda estava por vir.
Parei de te procurar em outros lugares, olhares e bocas.
Você não era mais nada, mas a minha mente emergiu
como minha melhor aliada e minha maior adversária.

Nunca foi uma paixão, apenas tinha problemas de apego.
Acreditava merecer tua atenção o tempo inteiro.
Parti meu próprio coração, exagerando meu
papel na vida daquele diplomata.
Era o fim daquela atração insensata.

Minha memória, escudo contra oportunistas ardilosos,
Minha imaginação entrelaça sonhos de amores ditosos.
É a minha decisão viver romances venturosos.

The Day I Forgot You (Relief)

On a radiant morning in the countryside,
I awoke to the serene sound of my faithful friend's bark.
I rose with a lightness that carried me through,
By day's end, forgot all that made my heart dark.
The next day brought a feeling of peace,
Something I thought I could never attain.
I laughed at my follies, worries did cease.
I've turned trivialities into grandeur
through overthinking's domain.

And the following day, remembering I had forgotten you,
The best was yet to come, I could see.
Stopped seeking you in places, looks and lips too.
You were nothing more, but my mind emerged as
both ally and adversary.

It was never passion, merely attachment's thorn.
Believing I deserved your constant care, my heart was torn.
I broke my own heart, overstating my
role in the life of that diplomat.
The end of that senseless attraction, despair to beware,

My memory, shield against sly opportunist minds,
My imagination weaves dreams of love that binds.
It's my resolve to live in ventures love finds.

COLUMBIA UNIVERSITY

PARTE 5

O renascimento de Vênus

~

The Rebirth of Venus

Fome afetiva

Seus olhos em meus olhos,
Seu desejo por cada curva do meu corpo.
No meio da pandemia, sentimos atração um pelo outro.
Você despiu a sua alma querendo despir a minha roupa.
Conheci seus colegas no Insta, e no app você falava com outra.

Mesmo assim senti sua pele macia em minha mão;
Enquanto secretamente meu corpo entrava em ebulição.
Mais uma vez me seduz com suas migalhas de afeto;
E ao mesmo tempo quer que eu vá embora,
Você me observa a cada passo de distância
até sumir da sua memória.
O que eu faço agora?

O que faço com as palavras doces que você me escreveu?
O que faço com o interesse que você me despertou?
Matching, Love bombing, Gaslighting, Ghosting, o que faltou?

A convicção dele na minha carência e ânsia,
Por vestígios de afeto, uma esperança,
Às três da manhã, uma mensagem ele mandou,
Anos após nosso *affair*, o passado ecoou.
A fome, mediada pelo patriarcado, um retrato,
Criando homens sem trato.
Fome mediada pelo patriarcado, traços de machismo,
Homens sem responsabilidade afetiva, um triste abismo.

Faminta, reluto em apostar,
em promessas de um amor que nunca vai chegar.

Breadcrumbing

His eyes in mine, a captivating stare,
Desiring every curve of my frame, a connection rare.
Midst the pandemic, attraction stirred between.
He bared his soul, wanting my body to be seen.
I met your online peers, on the app you were active.

Still, I felt your skin, tender in my hand's embrace;
As secretly my body surged in an impassioned race.
Once again, you allure me with crumbs of affection;
Simultaneously, urging me to leave without a trace,
You observe me every step as I fade from your memory.
What should I do now, in this strange trajectory?

What about the sweet words you carefully composed?
The interest that in me you kindled, the emotions juxtaposed.
Matching, Love bombing, Gaslighting, Ghosting, what's amiss?

His certainty in my longing and thirst,
For traces of affection, a lingering hope,
At 3 a.m., a message dispersed,
Years post-affair, past memories elope.
Patriarchy-mediated hunger, a portrayal bleak,
Crafting men without care's beak.
Patriarchy-mediated hunger, a trace of misogyny,
Men, void of emotional responsibility, a sorrowful symphony.

Famished, I hesitate to bet,
On promises of love that never set.

Instruções de A. Rojas

O que ele acha que tem de mais?
Olha a hora que ele te escreve!
Conheça um homem que te procure em horas normais.

A. Rojas' instructions

What does he think he has that's so grand?
Look at the time he writes, I'm trying to understand!
Meet a man who seeks you in hours so right.

A maior vingança é ser feliz

Queria uma compensação pela minha dor,
Mas ninguém vai me ajudar no tribunal do amor.

Decidi então buscar a felicidade,
Não faz sentido idolatrar quem não me quis de verdade.

Coloquei meu vestido vermelho e meu brilho labial.
No espelho vejo que ninguém resiste a uma mulher fatal.
Sou instigante e sensual,
Sei que não existe nada igual.

Aos poucos, derrotando toda a insegurança.
Cada vitória, uma esperança.

Entendendo o propósito da minha jornada assim,
Mergulhando para dentro de mim,
Preenchendo meus vazios existenciais... agora sim.
Para que se vingar de uma paixão ruim?

Dentro do meu carro, ligo o motor,
Num dia lindo, cheio de cor.
O satélite diz: "Siga em frente".
E sei que tudo vai ser diferente.

Viajando por vários países,
Voando por aí, sem raízes.
Nesta vida, sigo o aprendizado com destreza,
Minha vingança é ser feliz, com toda certeza.

The Greatest Revenge Is to Be Happy

I wanted compensation for my pain,
But no help comes in the love court, it's in vain.

So, I decided to seek happiness,
No point in adoring someone without truthfulness.

Wore my red dress and lip gloss so bright,
In the mirror, a fatal woman, a captivating sight.
Instigating, sensual, and shining so light,
Nothing compares to it, it's a unique delight.

Slowly defeating all my insecurity.
Each victory brings forth a new possibility.

Grasping my journey's purpose, in this way I find,
Now diving deep within, a self-exploration, unconfined.
Filling existential voids, feeling whole, feeling free,
Why seeking revenge on passion turned to shadows? Let it be!

In my car, the engine roars to life,
On a beautiful day, vibrant and rife.
The satellite says: "Move forward, proceed."
I know everything will change indeed.

Traveling from countries to countries wide,
Flying around, no roots to confide.
In this life, I'm an apprentice, you see,
My revenge is being happy, with certainty.

Uma carta para o meu ex-futuro amor

Imerso numa cultura onde meninas amam os homens,
E meninos são ensinados a desprezar as mulheres,
Você tranquilamente diz nada como se dissesse tudo.

Aplicativos e telas modernas, rastro do amor secular.
Relações líquidas, rostos que mal se podem fixar.
Conexões efêmeras e aleatórias neste cyber bazar.
Uma coreografia virtual bizarra, difícil de acompanhar.

Nesse palco, mulheres veem seu poder se evaporar,
Enquanto homens buscam sabores sem se limitar.
Mulheres, na jornada, buscam conexões sólidas,
Homens, no jogo, deslizam em escolhas variadas.

A necessidade de um parceiro é uma imposição,
para mulheres, uma demanda maior, uma condição.
Vulneráveis, aceitam o que nem deveriam cogitar.
Sob um olhar de desigualdade, é fácil naufragar.
Alguns anos decorreram desde esse naufrágio,
Não veio despedaçar minha autoestima com estrago.
Ao contrário, trouxe-me sabedoria e maturidade,
Uma jornada de crescimento e realidade.

Entreguei meu coração, doei sem condição,
Mas reciprocidade foi só uma ilusão.
A bondade em meu agir, sem nenhuma retribuição.
O segredo, então, reside na prudência,
Não criar expectativas, com paciência.
Apenas cuidar do meu próprio viver,
Assim, a jornada se torna mais leve de percorrer.

Num instante calmo, com palavras a dançar,
Expresso meu sentir, uma lição a ensinar.
Limites eu estabeleço, não posso tolerar,
Firmo meu espaço, não vou me calar.
A importância do respeito, devo ressaltar,
Empatia é chave, na vida a cultivar.
Realize mudanças concretas, para prosperar,
Seu comportamento, é hora de repensar.

A Letter to My Ex-Future Love

In a world where girls adore the guys,
Boys are taught to scorn women, to their surprise,
You stay silent, as if speaking through the air.

In the realm of apps, modern screens portray love's secular affair,
in a digital display with liquid connections, faces that barely stay.
Connections fleeting, faces fleeting in this cyber bazaar,
This challenging virtual choreography is quite bizarre.

Women watch their power dissipate,
While men chase flavors, unbound, innate.
Women, in the journey, seek solid connections,
Men, in the game, slide into varied selections.

The need for a partner is an imposition,
for women, a greater demand, a condition.
Vulnerable, they accept what they shouldn't contemplate.
Under the gaze of inequality, it's not easy to navigate.
Some years have passed since that shipwreck,
It didn't come to shatter my self-esteem with wreck.
On the contrary, it brought me wisdom and maturity,
A journey of growth and reality.

I gave my heart, with no strings attached
But reciprocity was just an illusion.
Kindness in my actions, without any retribution.
The secret, then, lies in prudence,
Not creating expectations, with patience.
Just taking care of my own living,
Thus, the journey becomes lighter to be given.

In a tranquil moment, where words gracefully sway,
I express my feelings, like a lesson in the ballet.
I set my boundaries firm, my tolerance won't convey,
Asserting my space, my silence will no longer to obey.
Emphasizing respect, its significance at play,
Empathy's the key, in life's intricate array.
Concrete changes to make, paving a new way,
Your behavior, it's time to reconsider, I say.

FONTE Mrs Eaves XL Serif OT
PAPEL Pólen Natural 80g
IMPRESSÃO Meta